교과 연계 과정

수학 1-1
　1단원　9까지의 수
　3단원　덧셈과 뺄셈
　5단원　50까지의 수

수학 1-2
　1단원　100까지의 수
　4단원　덧셈과 뺄셈(2)

 글 황근기

강원도 춘천에서 태어났고 대학을 졸업한 뒤부터 동화를 쓰기 시작했습니다. 항상 어린이들의 눈높이로 세상을 보고, 그것을 글로 표현하려고 노력합니다.『꼬물꼬물 갯벌 생물 이야기』『과학 귀신 1, 2』『조선의 선비 정신』등 어린이들에게 지식을 알차고 재미있게 들려주는 동화를 많이 썼습니다. 그중『알쏭달쏭 알라딘은 단위가 헷갈려』『우리가 평화를 선택할 수 있어요』『천재를 뛰어넘는 생각 학교』『똑똑한 우리 몸 설명서』등이 문화체육관광부 우수교양도서로 선정되었습니다.

 그림 이선민

그림 그리기와 아이들을 좋아하여 미술 수업을 했고, 지금은 알록달록한 색과 유쾌한 그림을 그리는 일러스트레이터로 활동합니다. 한국일러스트레이션학교(HILLS)에서 일러스트와 그림책을 공부했으며, 쓰고 그린 책으로『내 아이스크림 내 놔!』가 있습니다.『천사가 사는 갯벌』『동글동글 뾰족뾰족 달려라 달려!』『봄날의 햇살처럼 너를 사랑해』등의 책과 정관장 '아이 키커' 광고에 그림을 그렸습니다.

종알종알 수세기

황근기 글 | 이선민 그림

살림어린이

드디어 여름 방학하는 날이에요.
"방학 숙제는 '일주일 동안 부모님 직업 체험하고 감상문 쓰기'예요."
선생님 말씀에 지우는 환호성을 질렀어요.

"야호! 신난다. 공부 안 해도 된다!"

지우는 방학식이 끝나자마자
조르르 집으로 달려갔어요.

"엄마, 여름 방학 숙제가 뭔지 알아요?

일주일 동안 엄마, 아빠 일 돕기예요."

지우의 말에 엄마는 빙긋 웃었어요.
"지우야, 넌 아직 어려서 꽃집 일은 못해."

지우네는 '행복한 꽃집'을 운영하고 있어요.
"아니에요, 나도 이제 다 컸어요. 초등학생이라고요!"
"좋아, 그럼 힘들다고 중간에 그만두기 없기다."
지우는 엄마랑 새끼손가락을 걸고 약속했어요.

"우리 지우가 할 수 있는 일이 뭐가 있을까?"
지우는 솔직히 힘든 일은 하고 싶지 않았어요.
그래서 얼른 꾀를 냈어요.
"엄마, 난 수 세기는 잘해요.
그러니까 수를 셀 일이 있으면 나를 시켜요."
지우는 속으로 이렇게 생각했어요.
'히히, 꽃집에서 수를 셀 일이 뭐 있겠어.'

월요일 새벽, 엄마가 쿨쿨 자는 지우를 깨웠어요.
"지우야, 얼른 일어나.
오늘부터 엄마 일 도와주기로 했잖아.
새벽 꽃 시장에 같이 가자."
지우는 졸린 눈을 비비며 엄마를 따라나섰어요.
엄마는 신중하게 꽃을 골랐어요.
"지우야, 엄마가 계산할 동안 열 다발이 맞는지 꽃다발을 세어 봐."
지우는 연방 하품을 하며 꽃다발 수를 셌어요.

"하나, 둘, 셋, 넷, 다섯, 여섯, 일곱, 여덟, 아홉, 열!
 1   2   3   4   5   6   7   8   9   10

엄마, 열 다발 맞아요. 아유, 졸려!"

1 하나
2 둘
3 셋
4 넷
5 다섯
6 여섯
7 일곱
8 여덟
9 아홉
10 열

🌸 1부터 10까지 수 읽기
일   십

수를 읽을 때는 우리말로 읽는 방법과 한자어로 읽는 방법이 있어요.

인도-아라비아 숫자	1	2	3	4	5	6	7	8	9	10
우리말로 읽는 방법	하나	둘	셋	넷	다섯	여섯	일곱	여덟	아홉	열
한자어로 읽는 방법	일	이	삼	사	오	육	칠	팔	구	십

엄마는 꽃 시장에서 사 온 꽃을 가게에 내려놓았어요.
그러고는 지우에게 또 일을 시켰어요.
"지우야, 창고에 빈 화분이 몇 개 남았는지 세어 줄래?"
"한 개, 두 개, 세 개, 네 개, 다섯 개, 여섯 개,
  1   2   3   4   5   6
일곱 개, 여덟 개, 아홉 개, 열 개……."
  7   8   9   10
지우는 화분 개수를 세며 속으로 투덜거렸어요.
'에이, 괜히 수 세기를 한다고 했나?'

❀ 개수를 셀 때

'개수'를 셀 때는 수를 우리말로 읽어요. '하나, 둘, 셋, 넷, 다섯, 여섯, 일곱, 여덟, 아홉, 열' 이렇게요.
화분, 리본 같은 물건의 수를 셀 때는 우리말로 수를 읽은 뒤에 '개'를 붙이기도 해요.

1 하나 = 한 개

2 둘 = 두 개

3 셋 = 세 개

4 넷 = 네 개

5 다섯 = 다섯 개

6 여섯 = 여섯 개

7 일곱 = 일곱 개

8 여덟 = 여덟 개

9 아홉 = 아홉 개

10 열 = 열 개

물건에 따라 '개' 대신 다른 말을 붙이기도 해요. 예를 들어 종이로 만든 물건은 '장'을 붙여 세요.

한 개 = 한 장   두 개 = 두 장   세 개 = 세 장   네 개 = 네 장
다섯 개 = 다섯 장   여섯 개 = 여섯 장   일곱 개 = 일곱 장
여덟 개 = 여덟 장   아홉 개 = 아홉 장   열 개 = 열 장

카드
한 개 = 한 장
축하해요!

차례나 번호를 나타낼 때

'차례'나 '번호'를 나타낼 때는 수를 한자어로 읽어요. '일, 이, 삼, 사, 오, 육, 칠, 팔, 구, 십' 이렇게요. 책도 앞쪽부터 차례를 나타낼 때는 책 쪽수를 한자어로 읽고 '쪽'을 붙여서 '일 쪽, 이 쪽, 삼 쪽……'이라고 해요. 건물의 층수를 말할 때도 '일 층, 이 층, 삼 층……'이라고 해요.

'째'를 붙일 때

'순서'를 셀 때 수를 우리말로 읽고 뒤에 '째'를 붙이면 '첫째, 둘째, 셋째, 넷째, 다섯째, 여섯째, 일곱째, 여덟째, 아홉째, 열째'라고 말해요.

화요일 저녁, 엄마는 꽃다발을 만드느라 정신이 없었어요.

"지우야, 엄마가 바빠서 그러는데 꽃이 시들지 않게 물 좀 줄래?"

"물을 얼마나 주어야 하는데요?"

"일하는데 자꾸 말하면 헷갈리니까 책을 읽어 봐.

아마 3쪽부터 7쪽에 물 주는 법이 나올 거야."

지우는 책을 읽은 뒤, 손뼉을 짝 쳤어요.

"아하, 꽃마다 줘야 하는 물의 양이 다르구나."

외출했던 아빠가 저녁 늦게 돌아왔어요.
"여보! 결혼식장에서 꽃 장식 주문이 들어왔어요.
이번 주말까지 준비해 달래요."
"어머, 오랜만에 큰 일거리가 들어왔네요."
엄마, 아빠는 무척 기뻐했어요.
하지만 지우는 속이 상했어요.

힝, 그럼 일이 지금보다
더 많아지겠네. 아, 힘들어.

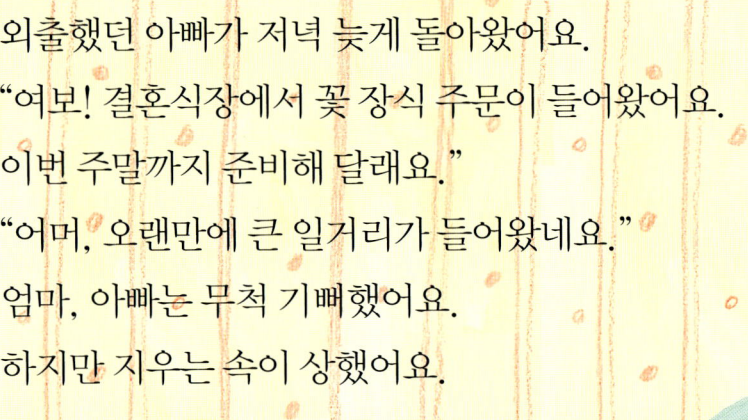

🌸 가르기와 모으기

하나의 수를 여러 가지 방법으로 가르거나 모을 수 있어요.

'가르기'는 하나의 수를 다른 수들로 갈라 주는 거예요. 예를 들어 10은 '1과 9'로 가를 수 있어요.

또 '2와 8', '3과 7', '4와 6', '5와 5'로도 가르기를 할 수 있어요.

'모으기'는 어떤 수들을 모아 하나의 수를 만드는 거예요.

10은 '1과 9'를 모아서 만들 수 있지요. 또 '2와 8'을 모아도 10을 만들 수 있어요.

수요일 아침,

엄마는 부케를 만드느라 분주했어요.

"튤립 10송이로 부케를 만들어야지.

튤립 색깔을 어떻게 섞어야 가장 예쁜 부케가 될까?"

엄마는 빨간색 튤립 5송이,

흰색 튤립 5송이로 부케를 만들었어요.

하지만 이 부케는 엄마 마음에 들지 않았나 봐요.

잠시 후, 엄마는 빨간색 튤립 7송이,

흰색 튤립 3송이로 다시 부케를 만들었어요.

이번 부케는 엄마 마음에 들었나 봐요.

엄마는 부케에 가볍게 입을 맞추었어요.

목요일 아침, 짝꿍인 서희에게서 전화가 왔어요.
"지우야, 뭐해? 친구들끼리 공원에 놀러 가려는데 너도 갈 거지?"
"당연하지."
지우는 엄마 몰래 가게 문을 열고 살금살금 밖으로 나갔어요.
그런데 등 뒤에서 엄마 목소리가 들리지 뭐예요!

"지우야, 해야 할 일이 산더미처럼 밀렸는데 어디 가니?
주문한 장미꽃이 도착했으니까 개수 좀 확인해 줘."
지우는 우거지상을 하고 앉아서
장미꽃 수를 세기 시작했어요.

"열, 열하나, 열둘 … 스물 … 서른 … 마흔 …
  10   11   12   20   30   40
쉰 … 예순 … 일흔 … 여든 … 아흔 … 백."
50   60   70   80   90   100

🌸 10보다 큰 수
십

10보다 큰 수를 셀 때는 10의 자리에 1의 자리를 덧붙여요.
    십   십   일

10 열=십   11 열하나=십일   12 열둘=십이   13 열셋=십삼   14 열넷=십사
15 열다섯=십오 16 열여섯=십육   17 열일곱=십칠   18 열여덟=십팔   19 열아홉=십구

10부터 99까지는 우리말로도 읽고, 한자어로도 읽어요.
 십   구십구

10 열=십   20 스물=이십   30 서른=삼십   40 마흔=사십   50 쉰=오십
60 예순=육십   70 일흔=칠십   80 여든=팔십   90 아흔=구십   **100 백**

꽃을 셀 때는 수 뒤에 '송이'를 붙여 세요.

10	20	30	40	50	60	70	80	90	100
열 송이	스무 송이	서른 송이	마흔 송이	쉰 송이	예순 송이	일흔 송이	여든 송이	아흔 송이	백 송이

지우는 일부터 백까지는 아주 잘 세었어요.

하지만 백 개가 넘어가자 점점 헷갈리기 시작했어요.

"으아, 지금까지 센 수를 까먹었어."

지우가 머리를 쥐어뜯으며 괴로워하자,

엄마가 묶어 세기를 알려 주었어요.

"지우야, 묶어 세기를 이용하면 되잖아."

"묶어 세기? 그게 뭔데요?"

❀ 묶어 세기

10개씩 묶어 세기를 하면 물건의 수가 많아도 빠르고 쉽게 셀 수 있어요.
만약 상자 안에 가득 든 딱지가 몇 개인지 알고 싶다면 먼저 딱지를 10개씩 묶는 거예요.
그런 다음 10개 묶음이 몇 개인지 세고, 나머지를 세면 총 개수를 쉽게 알 수 있지요.
예를 들어 10개 묶음이 5개이고, 나머지가 3개라면 딱지의 개수는 모두 53개예요.

지우는 묶어 세기로 장미꽃의 수를 세기 시작했어요.

"장미꽃을 10송이씩 엮은 묶음이 딱 30개네.
　　　　　열　　　　　　　　　　서른

10이 10개면 100이고,
십　　열　　　백

100이 3개면 300송이!
백　　　세　　　삼백

엄마, 딱 300송이예요."
　　　　　삼백

"우리 지우, 정말 수를 잘 세네. 일을 아주 잘하는걸."

엄마의 칭찬에 지우는 미소를 지었어요.

하지만 속으로는 엄청 후회하고 있었답니다.

'끙, 괜히 수 세기를 잘한다고 한 것 같아······.'

하나의 수를 여러 가지 수로 가를 수 있었지요? 묶어 세기도 여러 방법으로 할 수 있어요. 예를 들어 300은 10개씩 30묶음 또는 100개씩 3묶음으로 나타낼 수 있어요. 10개, 100개 말고 또 다른 수로도 묶을 수 있어요.

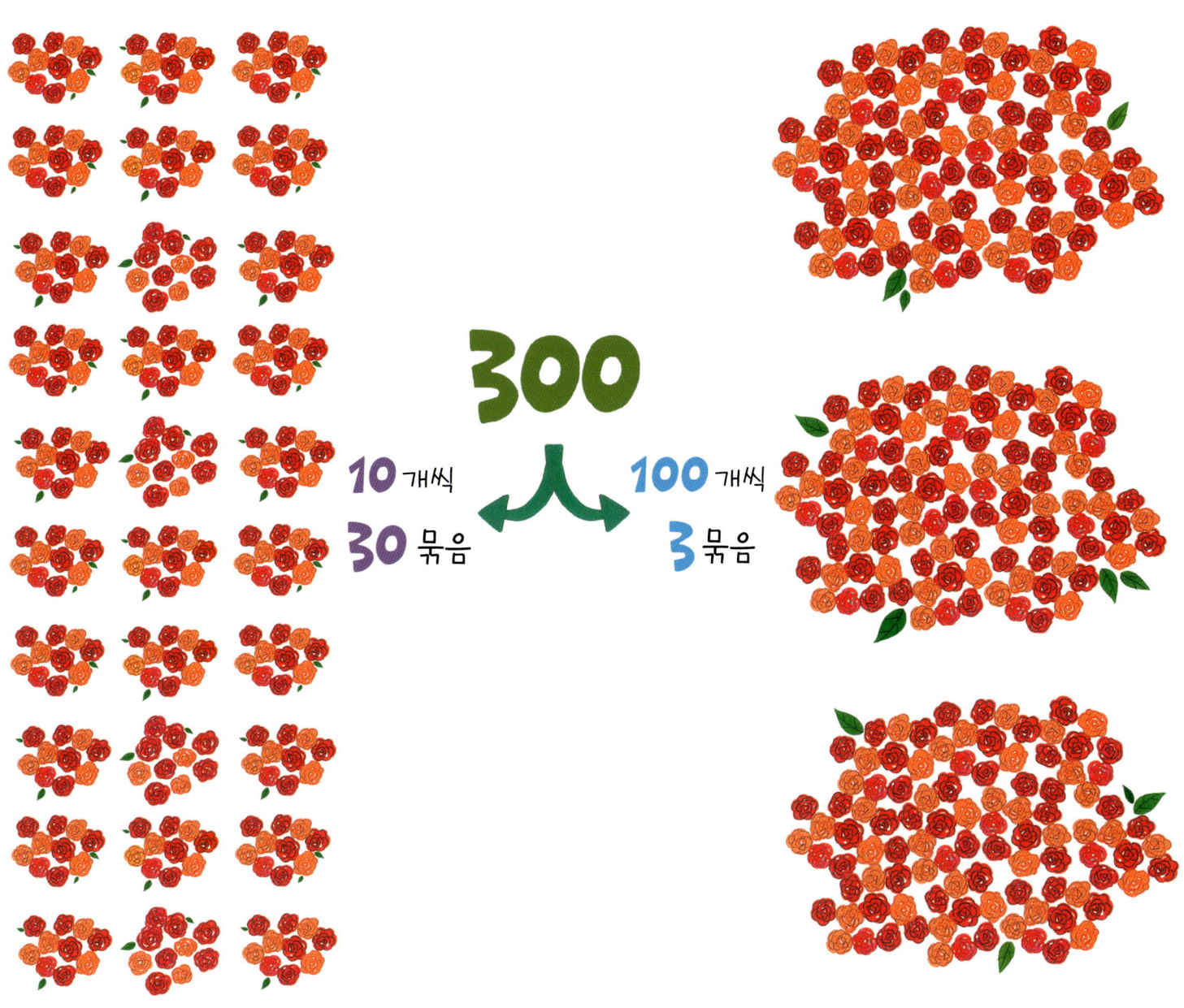

이제 겨우 금요일이에요.
지우는 아빠를 따라 결혼식장으로 갔어요.
아빠는 꽃 장식이 마음에 안 드는지 팔짱을 낀 채 연신 고개를 갸웃거렸어요.
"흐음, 왠지 좀 허전한데……."
한참을 고민하던 아빠가 손가락을 탁! 튕기며 말했어요.
"그래! 의자 뒷면을 장미꽃으로 장식하자.

짝수 번호 의자에는 노란 장미꽃, **홀수** 번호 의자에는 빨간 장미꽃을 장식하면

좀 더 화사하게 보일 거야."

"지우야, 너는 **짝수** 번호 의자에 노란 장미꽃을 꽂아 줘.

아빠는 **홀수** 번호에 빨간 장미꽃을 장식할게.

어때? 할 수 있겠지?"

"네!"

대답은 씩씩하게 했지만

사실 지우는 **짝수**와 **홀수**가 좀 헷갈렸어요.

지우가 9번 의자에 노란 장미꽃을 장식하려고 하자
구

아빠가 씨익 웃으며 말했어요.

"우리 지우, 아직 짝수와 홀수를 잘 모르는구나."

지우가 부끄러워하자

아빠는 지우의 머리를 쓰다듬으며 찬찬히 설명했어요.

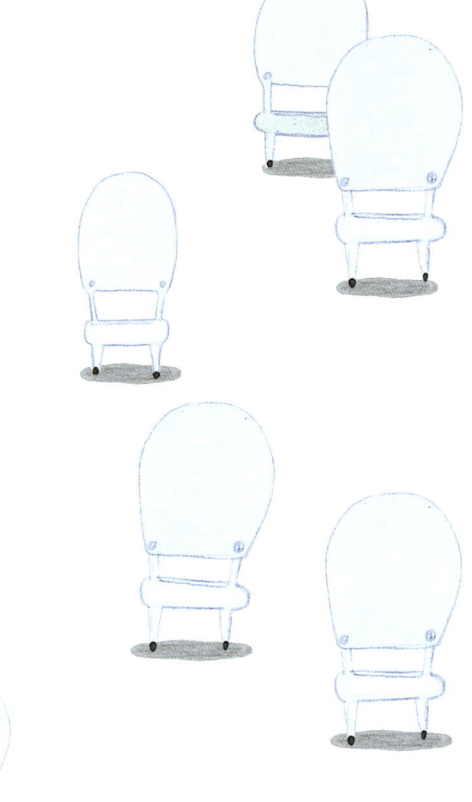

🌸 짝수와 홀수

'짝수'는 둘씩 짝지어 짝이 딱 맞는 수를 말해요.

2	4	6	8	10	12	14	16	18	20	22	24 ……
이	사	육	팔	십	십이	십사	십육	십팔	이십	이십이	이십사

'홀수'는 둘씩으로는 짝이 맞지 않아 한 개가 남는 수예요.

1	3	5	7	9	11	13	15	17	19	21	23 ……
일	삼	오	칠	구	십일	십삼	십오	십칠	십구	이십일	이십삼

의자 장식이 끝나도 아빠는 여전히 뭔가 부족해 보이나 봐요.

"흐음, 아직도 결혼식장이 좀 허전해 보이는데……. 뛰어 세기를 해 볼까?

그래! 벽에 수국을 달고 3개씩 뛰어 세면서 파란 리본으로 장식하는 게 좋겠다!"
　　　　　　　　　　　　　세

아빠는 콧노래를 흥얼거리며

3번째, 6번째, 9번째, 12번째 수국에 파란 리본을 묶었어요.
세　　　여섯　　아홉　　열두

🌸 뛰어 세기

수가 일정하게 커지거나 작아지도록 수를 건너서 세는 것을 '뛰어 세기'라고 해요.

2씩 뛰어 세기

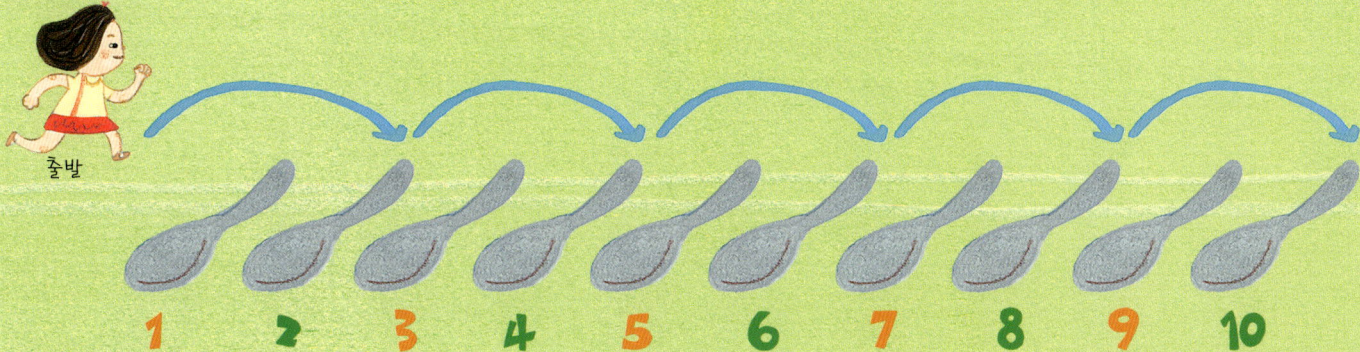

3씩 뛰어 세기

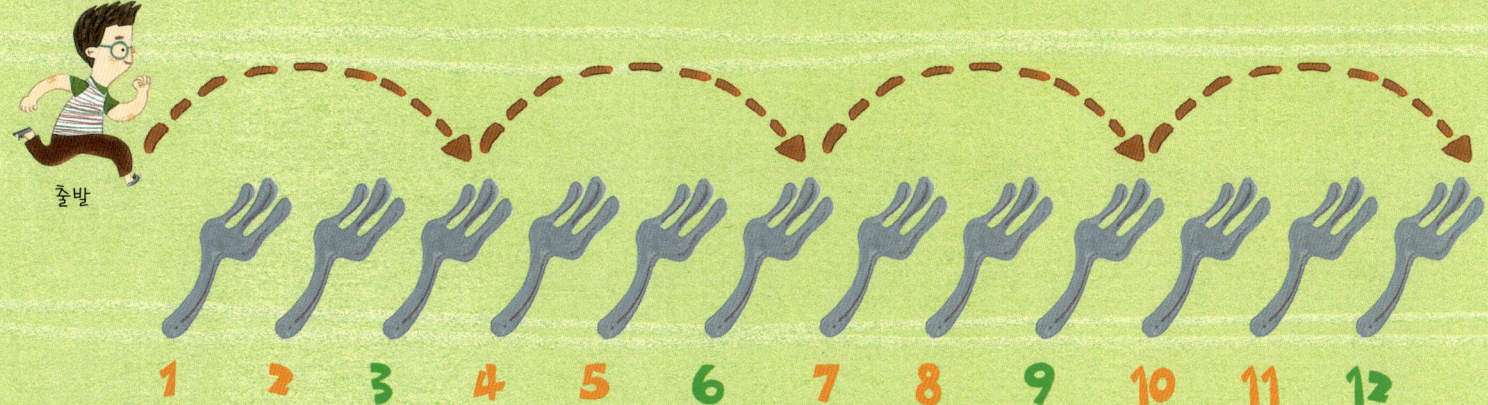

5씩 뛰어 세기

그때 갑자기 예식장 직원이 아빠를 찾아와
할 이야기가 있다고 말했어요.
아빠는 지우에게 리본을 건넸어요.
"지우야, 나머지 리본은 네가 좀 묶어 줄래?

이번에는 10개씩 뛰어 세어
　　　　　열

빨간 리본으로 장식하자."
"네. 알겠어요."
지우는 빨간 리본을 들고 혼자 중얼거렸어요.
"10개씩 뛰어 세어 리본을 장식하라고 했으니까
　　열

10번째, 20번째, 30번째 수국에 빨간 리본을 달면 되겠구나."
　열　　　스무　　　서른

✿ 10씩 뛰어 세기

10 20 30 40 50 60 70 80 90 100

드디어 토요일!
엄마 아빠를 따라 결혼식장으로 가던 지우가 지친 목소리로 물었어요.
"아빠, 아직도 할 일이 남았어요?"
"그럼. 장식해 놓은 꽃이 시들지 않고,
망가지지 않도록 신경 써야지."
지우는 결혼식이 끝날 때까지
꽃이 시들지 않도록 분무기로 물을 뿌리는 일을 맡았어요.
"와, 저 꽃 장식 좀 봐!"
"정말 아름답다."
사람들이 꽃 장식을 칭찬하자 지우는 으쓱해졌어요.

마침내 길고 긴 일주일이 지났어요.
"지우야, 일주일 동안 엄마, 아빠 일 도와주느라 힘들었지?"
지우는 일부러 씩씩하게 대답했어요.

"아니요! 하나도 안 힘들었어요.
엄마, 아빠 일을 도울 수 있어서 좋았어요."

엄마와 아빠는 지우를 칭찬했어요.
"와, 우리 지우 이제 보니 정말 다 컸구나."

어느새 개학 날이 되었어요.
선생님은 지우가 쓴 감상문을 읽으며 빙그레 미소를 지었어요.

「일주일 동안 엄마, 아빠 일 돕기.」

꽃집은 해야 할 일이 너무 많다.
특히 수를 셀 일이 수학 시간보다 많다.
학교에서 하는 공부가 세상에서
가장 쉬운 것 같다.
하지만 내가 장식한 꽃을 보고
사람들이 칭찬을 해서
기분이 좋았다.

🌹 짝수와 홀수의 재미있는 규칙

① 수를 1부터 차례로 하나씩 커지게 늘어놓는다면 홀수와 홀수는 나란히 있을 수 없어요. 홀수의 양옆에는 항상 짝수가 놓여요. 물론 짝수와 짝수도 나란히 있을 수 없답니다.

② 짝수와 짝수는 더하기나 빼기를 해도 항상 짝수가 돼요. 홀수와 홀수는 더하기나 빼기를 하면 홀수가 아니라 항상 짝수가 되지요.

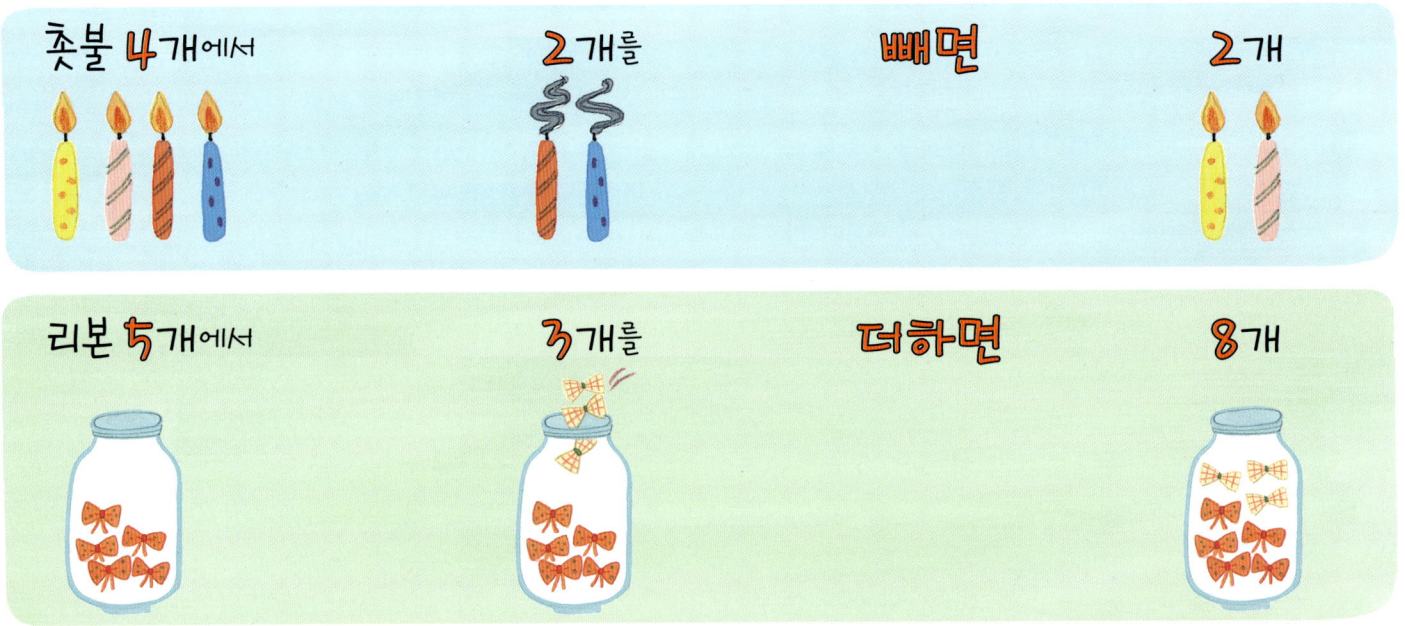

🌻 아무것도 없는 것을 나타내는 수 0

아무것도 없을 때는 어떻게 나타낼까요? 숫자로 0이라고 쓴답니다.

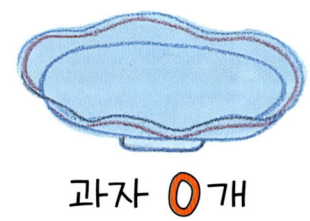

과자 0개

단위도 척척 읽는 법

1. 수 뒤에 ㎝(센티미터)처럼 외래어로 된 단위가 붙으면 '일, 이, 삼, 사, 오……'라고 수를 한자어로 읽어요. m(미터), g(그램), kg(킬로그램), ㎖(밀리리터), L(리터) 같은 단위도 마찬가지예요.

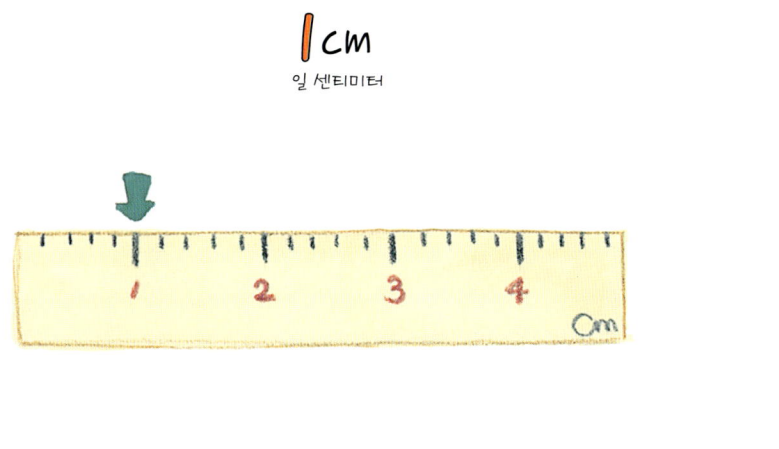

2. 수 뒤에 '권', '다발'처럼 우리말이나 한자어로 된 단위가 붙으면 수를 '한, 두, 세, 네, 다섯……' 하고 우리말로 읽어요.

🌹 지우 가족이 알려 주는 수 세기 총정리

1 수를 세어 써 보세요.

ㄱ

ㄴ

ㄷ

----------   ----------   ----------

2 수를 세어 쓰고, 바르게 읽어 보세요.

ㄱ

ㄴ

---------- 층   ---------- 개

ㄷ

---------- 명

3. 모으기나 가르기를 한 수가 맞지 않은 것을 고르세요.

㉠

떡 1개와   떡 6개를   모으면   7개

㉡

접시 8개를   가르면   3개와   5개

㉢

사탕 2개와   사탕 4개를   모으면   9개

4 3씩 뛰어 세어 신랑이 신부와 만나게 해 주세요.

🌻 수 세기를 어려워하는 아이의 부모님께

수 세기는 물건을 사고 규칙을 만드는 등 생활에 꼭 필요한 일이지요. 아이들은 1과 2처럼 한 자릿수를 헤아리는 것부터 시작해 점차 큰 수를 접하게 됩니다. 이때 수를 어떻게 읽을지, 사물이 많을 때 정확하게 세려면 무엇을 해야 할지 몰라 망설입니다. 하지만 『종알종알 수 세기』를 통해 수 세기의 재미와 방법을 알고, 연습도 하다 보면 수 세기가 어렵지 않을 거예요.

문제 정답

1

ㄱ
6

ㄴ
20

ㄷ
3

2

ㄱ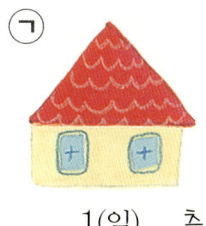
1(일) 층

ㄴ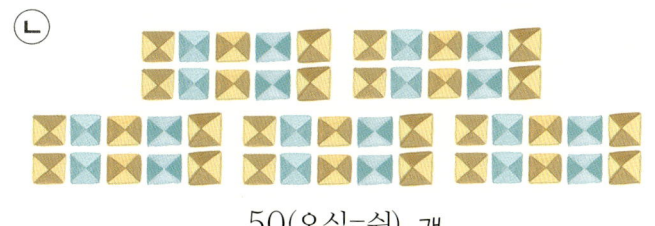
50(오십=쉰) 개

ㄷ
5(다섯) 명

3

ㄷ

6개

사탕 **2**개와   사탕 **4**개를   모으면   **9**개

4

처음 시작하는 학교 공부 03
종알종알 수 세기

| 펴낸날 | 초판 1쇄 | 2017년 2월 13일 |
| 펴낸날 | 초판 2쇄 | 2021년 8월 2일 |

지은이　**황근기**
그린이　**이선민**
펴낸이　**심만수**
펴낸곳　**(주)살림출판사**
출판등록　1989년 11월 1일 제9-210호

주소　경기도 파주시 광인사길 30
전화　031-955-1350　팩스　031-624-1356
홈페이지　http://www.sallimbooks.com
이메일　book@sallimbooks.com

ISBN　978-89-522-3584-8　73410
살림어린이는 (주)살림출판사의 어린이 브랜드입니다.

※ 값은 뒤표지에 있습니다.
※ 잘못 만들어진 책은 구입하신 서점에서 바꾸어 드립니다.

이 도서의 국립중앙도서관 출판시도서목록(CIP)은 서지정보유통지원시스템 홈페이지
(http://seoji.nl.go.kr)와 국가자료공동목록시스템(http://www.nl.go.kr/kolisnet)에서
이용하실 수 있습니다.(CIP제어번호: CIP2017001477)

사용연령　4세 이상　　제조국　대한민국
제조년월　2021년 8월 2일　제조자명　(주)살림출판사
연락처　031-955-1350
주소　경기도 파주시 광인사길 30
주의사항　책을 던지거나 떨어뜨리면 모서리에 다칠 우려가
　　　　있으니 주의하세요.
KC마크는 이 제품이 공통안전기준에 적합하였음을 의미합니다.